Dieses Buch gehört:

Paul Maar ist einer der beliebtesten und erfolgreichsten deutschen Kinder- und Jugendbuchautoren. Er wurde 1937 in Schweinfurt geboren, studierte Malerei und Kunstgeschichte und war einige Jahre als Lehrer und Kunsterzieher an einem Gymnasium tätig, bevor er den Sprung wagte, sich als freier Autor und Illustrator ganz auf seine künstlerische Arbeit zu konzentrieren. Sein Werk wurde mit zahlreichen bedeutenden Auszeichnungen gewürdigt, u. a. mit dem Deutschen Jugendliteraturpreis.

Paul Maar

Ein Taucheranzug für das Sams

Verlag Friedrich Oetinger · Hamburg

Inhalt

Herr Taschenbier wohnte
seit Samstag nicht mehr allein.
Am Samstag kam das Sams zu ihm.

Er hatte das seltsame Wesen
auf der Straße gefunden.
Es war klein wie ein Kind,
hatte feuerrote Haare,
eine Nase wie eine Steckdose
und viele blaue Punkte im Gesicht.

Die blauen Punkte
waren lauter Wunschpunkte.
Doch das wusste
Herr Taschenbier noch nicht.

Herr Taschenbier wusste aber sofort,
dass dies nur ein Sams sein konnte.
Denn er hatte vorher
eine merkwürdige Woche erlebt:

Am **Sonntag**
schien die **Sonne**.

Am **Montag**
bekam er Besuch
von seinem Freund,
Herrn **Mon**.

Am **Dienstag**
hatte er **Dienst**.

Am **Mittwoch**
war **Mitte** der Woche.

Am **Donnerstag**
hatte es **gedonnert**.

Und am **Freitag**
bekam er **frei**.

Deshalb konnte das Wesen,
das am **Samstag** auf der Straße saß,
nur ein **Sams** sein.

Nachdem Herr Taschenbier
das Sams erkannt hatte,
sagte es „Papa" zu ihm
und zog bei ihm ein.

Nun brauchte es nur noch
etwas Ordentliches zum Anziehen …

1. Ein Sams im Rucksack

Eines morgens hopste das Sams
aus dem Schrank,
in dem es übernachtet hatte.
Es rief: „Kaufhaus, Kaufhaus,
wir gehen jetzt ins Kaufhaus!"

„Meinetwegen", sagte Herr Taschenbier.
„Ich weiß nur noch nicht,
wie ich dich hinbringen soll."

„Im Rucksack!", sagte das Sams.
„Kängurus tragen ihre Kinder
auch immer im Beutel."
Es stieg in den Rucksack,
und sie fuhren zusammen
in der Straßenbahn zum Kaufhaus.

Dort kam sofort ein Verkäufer
auf Herrn Taschenbier zugestürzt
und fragte: „Womit kann ich dienen?"

10

„Ich hätte gern etwas zum Anziehen",
sagte Herr Taschenbier.

„Großartig, da sind Sie bei uns
gerade richtig", sagte der Verkäufer.
„Bitte folgen Sie mir, der Herr.
Hier ist nämlich die Kinderabteilung."

„Es ist ja nicht für mich",
erklärte Herr Taschenbier.
Der Verkäufer sah sich
nach einem Kind um.

Herr Taschenbier schnürte
den Rucksack auf
und hob das Sams heraus.

Als der Verkäufer das Sams sah,
hörte er kurz auf, zu lächeln.
Dann sagte er wieder höflich:
„Ein niedliches Kind haben Sie da.
Ist das ein Junge
oder ein Mädchen?"

Herr Taschenbier fragte das Sams:
„Bist du ein Junge
oder ein Mädchen?"

Das Sams flüsterte
ihm ins Ohr:
„Ich bin ein Sams.
Das weißt du doch, Papa."

„Na ja, sagen wir mal: ein Junge",
sagte Herr Taschenbier.
Für irgendetwas musste er sich
ja entscheiden.

„Sagen wir mal: ein Junge.
Ganz recht", sagte der Verkäufer
mit starrem Lächeln.
„Dann wollen wir ihn mal einkleiden.
Schließlich ist bei uns
der Kunde König."

2. Der Kunde ist König

„Wer ist König?", fragte das Sams.

„Der Kunde!", sagte der Verkäufer.

„Du, Papa, ich bin König!",
schrie das Sams begeistert.
„Ich will eine Krone haben."

„Red nicht so einen Unsinn!",
sagte der Verkäufer.
Das Sams hatte aber schon
etwas Passendes entdeckt:
Indianer-Kopfschmuck.

Es setzte sich
eine bunte Federkrone auf,
tanzte herum und schrie:
„Diese Krone will ich haben, Papa!"

„So was trägt man
nur zum Fasching",
sagte der Verkäufer.
„Wenn es ihm doch gefällt …",
wandte Herr Taschenbier ein.

„Ich denke,
der Junge braucht einen Anzug",
sagte der Verkäufer.
Damit nahm er das Sams beim Arm
und zog es mit zur Umkleidekabine.

„Ich würde diesen grünen Anzug
vorschlagen", sagte der Verkäufer.
„Schlüpf hinein, Junge!"
Das Sams blieb stocksteif stehen.
„So werde ich nicht angeredet",
sagte es.

„So? Wie denn dann?",
fragte der Verkäufer.
„Zu einem König sagt man *Majestät*",
erklärte das Sams.

„Jetzt werde nur nicht frech, Junge“,
sagte der Verkäufer.

„Vielleicht versuchen Sie es
doch einmal mit *Majestät*“,
mischte sich Herr Taschenbier ein.
„Der Kleine glaubt eben alles,
was man ihm erzählt.“

„Meinen Sie das im Ernst?“,
fragte der Verkäufer.

17

Dann sagte er: „Würden Majestät
einmal in den Anzug schlüpfen?"

Das Sams zog den Anzug an.
Dabei atmete es ganz langsam aus
und hielt die Luft an.
So wurde es dünn wie ein Stock.

„Darf man in diesem Anzug
auch einatmen?", fragte es dann.

„Aber natürlich, Majestät.
Was für eine dumme Frage",
antwortete der Verkäufer.

Das Sams holte tief Luft,
und sein Trommelbauch
wölbte sich nach außen.
Es krachte, und der Anzug riss
von oben bis unten entzwei.

„Schlechter Stoff", sagte das Sams.
„Nichts zum Anziehen,
höchstens zum Essen."

„Was hast du denn
mit dem Anzug gemacht?",
fragte der Verkäufer entsetzt.
„Nichts", sagte das Sams.
„Ich habe nur eingeatmet."

3. Ein Papierkorb voller Anzüge

Der Verkäufer versteckte den Anzug
schnell im Papierkorb.
Gleich darauf brachte er
einen neuen Anzug.
Diesmal einen blauen.

„Hier, Majestät,
probieren Sie den einmal",
sagte er matt.

Das Sams zog den Anzug an
und fragte:
„Darf man in diesem Anzug
auch einatmen?"
„Nein, Majestät, um Gottes willen!",
rief der Verkäufer.

In diesem Augenblick ging gerade
der Abteilungsleiter vorbei.
„Haben wir einen hohen Gast?",
flüsterte er und deutete
auf die Umkleidekabine.

Schon streckte das Sams
seinen Kopf heraus und rief:
„Nein, *mich* nennt er immer Majestät!"

„Dich?", fragte
der Abteilungsleiter.
„Er hat mir
auch verboten,
einzuatmen",
fuhr das Sams fort.

„Ist das wahr?",
rief der Abteilungsleiter.

„Und er hat einen zerrissenen Anzug
in den Papierkorb geschmissen",
fügte das Sams hinzu.

„Unglaublich!", rief der Abteilungsleiter.
„Sagt *Majestät* zu kleinen Kindern,
verbietet ihnen, einzuatmen,
und zerreißt Anzüge!"

Dem Verkäufer befahl er:
„Sie gehen sofort zum Arzt
und lassen sich untersuchen!"
Der Verkäufer drehte sich um
und verschwand.

„Darf ich jetzt einatmen oder nicht?",
fragte das Sams wieder.
„Aber natürlich, Kindchen",
sagte der Abteilungsleiter lachend.

Das Sams holte so tief Luft,
wie es konnte.
Der Bauch spannte sich, und – *peng!* –
auch der blaue Anzug platzte.

„Was hast du da gemacht?",
schrie der Abteilungsleiter.

„Er hat nur eingeatmet.
Und er hat Sie vorher gefragt",
stellte Herr Taschenbier fest.

Der Abteilungsleiter stopfte
die Anzug-Reste
zu den anderen Anzug-Resten
in den Papierkorb.

„Ich würde in diesem besonderen Fall
Lederhosen vorschlagen",
sagte er dann.
„Lederhosen sind reißfest."

„Sind sie auch beißfest?",
fragte das Sams.

„Kannst es ja mal ausprobieren",
sagte der Abteilungsleiter.
„Da würdest du dir allerdings
die Zähne ausbeißen."

Das Sams nahm die Lederhose
und schnupperte daran.
Dann biss es
ein Hosenbein ab
und schluckte es hinunter.

„Schmeckt gut", stellte es fest.
„Ist aus Rindsleder."

„Lässt du wohl die Hose ganz!",
schrie der Abteilungsleiter
und riss sie dem Sams aus der Hand.

„Du hast es doch erlaubt",
wunderte sich das Sams.

4. Ein brandneuer Taucheranzug

Wütend knüllte der Abteilungsleiter
die Lederhose zusammen
und warf sie in den Papierkorb.

Dann verschwand er.
Es dauerte eine ganze Weile,
bis er wiederkam.

Er hatte einen Taucheranzug
aus der Sportabteilung geholt.
„So", sagte er,
„der wird auf jeden Fall passen.
Gummi dehnt sich."

„Das ist ja ein Taucheranzug",
sagte Herr Taschenbier verwundert.

„Was haben Sie dagegen?",
fragte der Abteilungsleiter.
„Das ist unser neuestes Modell.
Brandneu!"

„Brandneu?", fragte das Sams.
„Wo brennt es denn?"

„Hier brennt es",
antwortete der Abteilungsleiter
und tippte sich mit dem Finger
an die Stirn.

„Es brennt, es brennt!",
rief das Sams sofort.
„Bei diesem Herrn hier brennt es!"

Eine andere Verkäuferin hörte es
und rief aufgeregt zurück:
„Wo denn? Löscht denn keiner?
Feuer, Feuer!"

„Feuer, Feuer!",
schrie da auch ein Kunde
und rannte zur Rolltreppe.
„Ruhe! Was soll der Unsinn",
schimpfte der Abteilungsleiter.

5. Feueralarm

„Feuer, Feuer!",
schrie das Sams begeistert,
hüpfte hin und her und sang:

„Feuer, Feuer,
ungeheuer
heißes Feuer!

Kommt und rennt,
denn es brennt!
Leute, Leute,
kommt gerannt!
Dieser Herr
ist angebrannt."

„Bist du still, du kleine Kröte!",
schimpfte der Abteilungsleiter.

„Du hast es doch selber gesagt",
sagte das Sams.
„Was war denn
jetzt schon wieder falsch?"

Im Nu hatte sich der Alarmruf
im Kaufhaus fortgepflanzt.

Ein Verkäufer hatte
die Alarmanlage eingeschaltet.
Ein anderer kam
mit einem Wasserschlauch gerannt.

„Au fein, Wasser!",
sagte das Sams und schlüpfte
in seinen Gummianzug.
„Da kann ich gleich tauchen."

„Ruhe, alles Unsinn!",
schrie der Abteilungsleiter
und rannte hin und her.

„Sofort die Alarmanlage abstellen!
Schlauch weg! Keiner rührt sich!"

Niemand hörte auf ihn.
„Wo brennt es denn?",
fragte der Verkäufer
mit dem Wasserschlauch.

„Bei dem Herrn dort", rief das Sams
und wies auf den Abteilungsleiter.
„Verschwinde!", brüllte der zornig.

6. Schönes Durcheinander

Das Sams verschwand aber nicht.
Es gefiel ihm gut im Kaufhaus.

Inzwischen liefen alle Verkäufer
und Kunden kopflos durcheinander.
Einige suchten nach der Brandstelle,
um das Feuer zu löschen.

Andere flüchteten
vor den nicht vorhandenen Flammen
auf die Straße.

In der allgemeinen Aufregung
wurden Verkaufstische umgestoßen,
Glas klirrte, Töpfe schepperten.

Manche Leute schrien,
andere lachten.
Und zu alledem
klingelte schrill die Alarmanlage.

„Sehr schön!" Das Sams strahlte.
„Sehr schönes Durcheinander hier."
Herr Taschenbier glaubte,
das Sams meinte das Kaufhaus.

Aber das Sams hatte
vom Inhalt des Papierkorbs
gesprochen.

Und im nächsten Moment
steckte es sich die Anzüge
mitsamt der Lederhose
ins Maul.

„Schmeckt gut",
stellte es kauend fest.
„Stoffgemüse mit Lederknödeln."

Herr Taschenbier
fasste das Sams an der Hand
und zog es durch das Gewimmel
nach draußen.
Ehe es noch mehr Appetit bekam.

Vor dem Kaufhaus strich das Sams
seinen Taucheranzug glatt und
kletterte auf Herrn Taschenbiers Arm.

Dann sagte es: „Also, Papa,
ich habe mir das Kaufhaus
schon schön vorgestellt.
Aber dass es dort sooo schön ist,
hätte ich mir nicht träumen lassen!"

Willkommen in der LESESTARTER Rätselwelt

Hast du Lust auf noch mehr Lesespaß?

Dann findest du hier viele tolle Rätsel und spannende Spiele. Auf der nächsten Seite geht es schon los!

Wir wünschen dir viel Spaß!

Lösungen auf Seite 56–57

Kannst du die Bilder den richtigen Sätzen zuordnen?

☐ Am Montag kam Herr Mon.

☐ „Diese Krone
will ich haben, Papa!"

☐ Der Anzug riss
von oben bis unten entzwei.

☐ „Schmeckt gut!",
stellte das Sams fest.

43

Hast du gut aufgepasst und kannst dich an alle Farben erinnern?

Welche Farbe hat …

… der erste Anzug? _____

… der zweite Anzug? _____

… der Rucksack? _____

… der Taucheranzug? _____

Ich brauche keine Brille.

Ohrringe mag ich nicht.

Ich bin recht klein.

Rote Schuhe trage ich nicht.

Ich bin: _____

Satz für Satz kannst du Figuren ausschließen. Wer bleibt übrig?

Lese-Logik

**Welches Wort ist richtig?
Kreuze an.**

Das Sams hat eine Nase wie eine …
- ☐ Steckrose.
- ☐ Steckrübe.
- ☐ Steckdose.

Am Freitag bekam er …
- ☐ frei.
- ☐ Brei.
- ☐ Ei.

Das Sams bekommt einen …
- ☐ Taucherauszug.
- ☐ Taucheranzug.
- ☐ Taucherumzug.

Feuer

gerannt

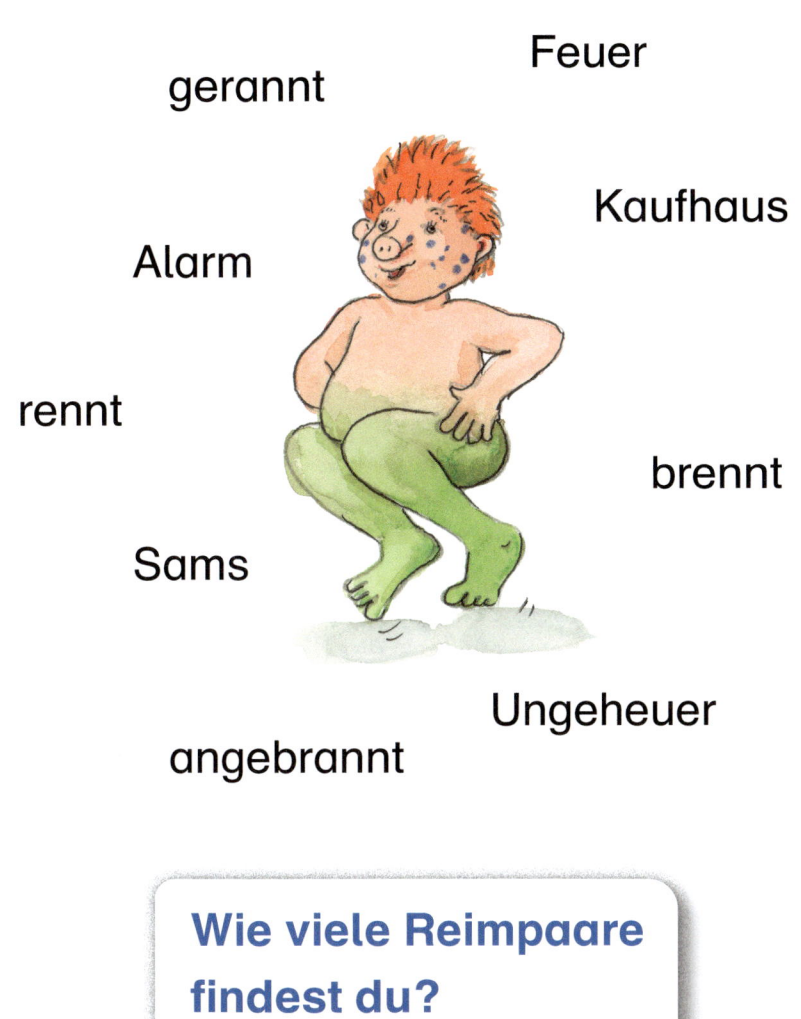

Kaufhaus

Alarm

rennt

brennt

Sams

Ungeheuer

angebrannt

Wie viele Reimpaare findest du?

Reime

LESESTARTER

Findest du den Weg durch das Buch?

Starte auf Seite 7!

Der Kalender verrät dir, wie viele Seiten du weiterblättern musst.

Zähle die Wunschpunkte und gehe so viele Seiten weiter.

Wie viele Wörter hat die zweite Zeile? Gehe so viele Seiten weiter.

48

Was hat der Mann in der Hand? Suche die nächste Seite mit diesem Kleidungsstück.

Wie viele Buchstaben hat das neunte Wort? Gehe so viele Seiten weiter.

Bist du bei uns angekommen?

LESESTARTER

Wortkreuze

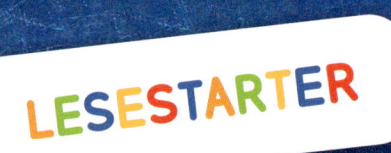

Welche Wörter verstecken sich hier? Suche die passenden Buchstaben.

			S
P		P	
	L		M
	A		S
	R		
	M		

			K	
			A	
			U	
			F	
	J		H	
	U		A	
A		Z		G
	G		S	
	E			

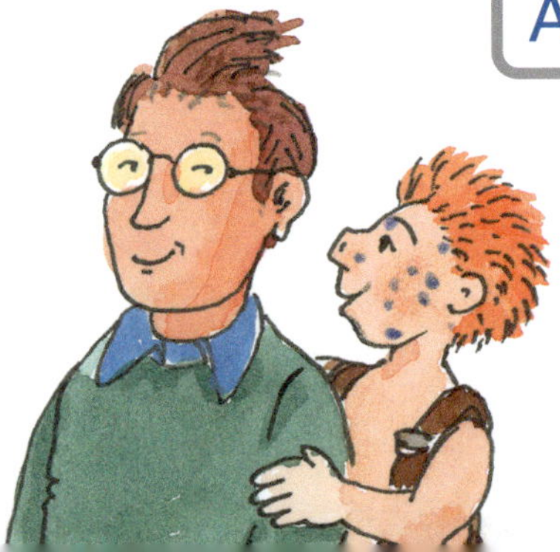

Zwillinge
Eis
Känguru
Papagei

Suche die
aufgelisteten Dinge
im Bild!

Spiel für zwei! Wer ist schneller als das Sams und sammelt 4 Knöpfe ein?

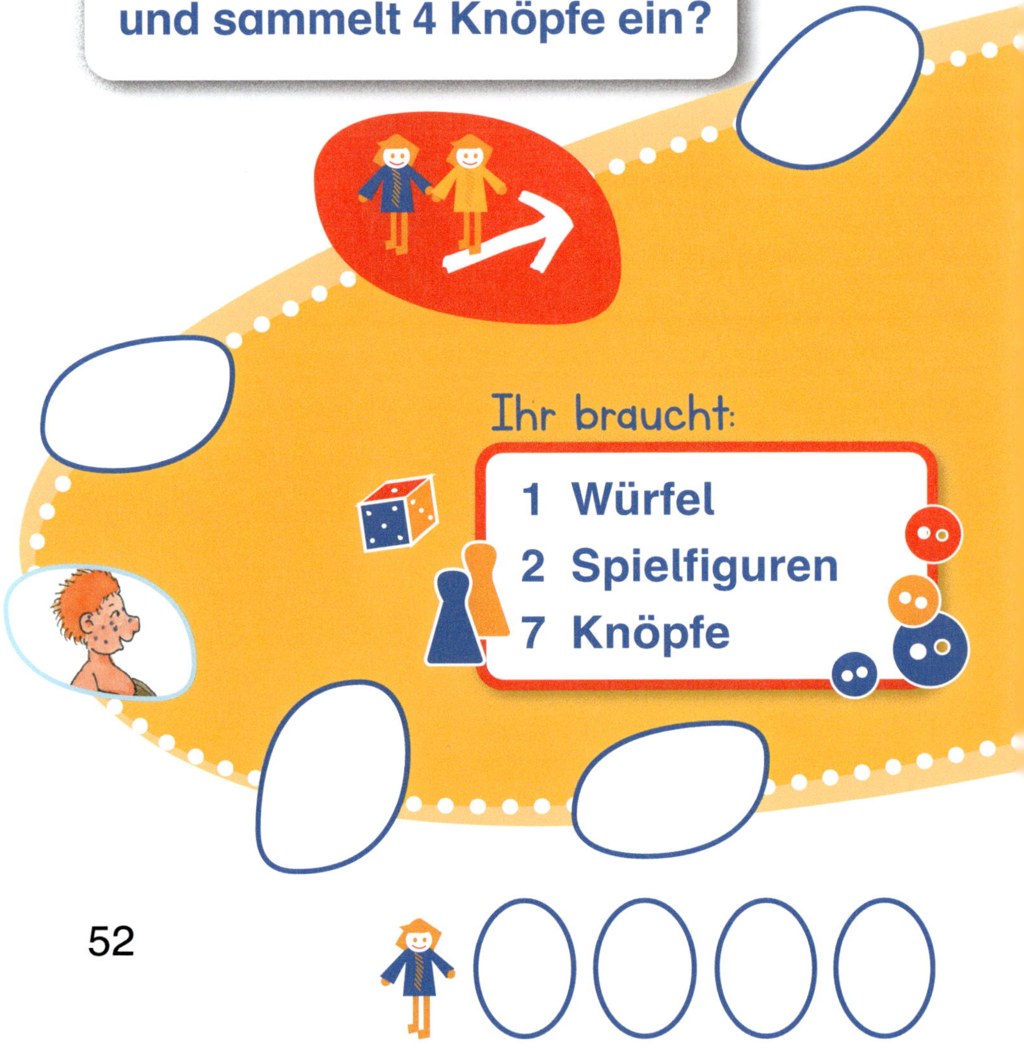

Ihr braucht:

1 Würfel
2 Spielfiguren
7 Knöpfe

Verteilt 7 Knöpfe auf dem Spielfeld. Würfelt abwechselnd! Landest du auf einem KNOPF, dann lege ihn unten auf deinem Feld ab. Landest du auf dem SAMS, lege alle deine Knöpfe zurück aufs Spielfeld!

Hast du gut aufgepasst und findest alle Wörter?

Am Sonntag schien die

Am Donnerstag gab es

54

Das Sams steckt in einem

☐☐☐☐☐☐☐☐

Der Mann tippt sich an die

☐☐☐☐☐

LÖSUNGSWORT:

☐☐☐☐☐☐

Lese-Rallye · Seite 48–49

9. Mai → S. 16
8 Punkte → S. 24
5 Wörter → S. 29
Taucheranzug → S. 35
4 Buchstaben → S. 39

Wortkreuze · Seite 50

Suchbild · Seite 51

Seite 54–55 · Wortsuche
Unsinn

Alle Rätsel gelöst?
Hier findest du die
richtigen Antworten.

Bildsalat · Seite 42–43
Am Montag kam Herr Mon. = Bild 3
„Diese Krone will ich haben, Papa!" = Bild 1
Der Anzug riss von oben bis unten entzwei. = Bild 2
„Schmeckt gut!", stellte das Sams fest. = Bild 4

Farbenrätsel · Seite 44
Der erste Anzug ist grün.
Der zweite Anzug ist blau.
Der Rucksack ist braun.
Der Taucheranzug ist blau.

Lese-Logik · Seite 45
Ich bin der Hund.

Lustiges Quiz · Seite 46
Steckdose
frei
Taucheranzug

Reime · Seite 47
rennt – brennt
Ungeheuer – Feuer
gerannt – angebrannt

Auf www.dassams.de findest du zahlreiche weitere
Kinderbücher und Hörbücher vom Sams.

www.dassams.de
www.oetinger.de

Auf www.dassams.de findest du zahlreiche weitere
Kinderbücher und Hörbücher vom Sams.